BEI GRIN MACHT SICH IHR WISSEN BEZAHLT

- Wir veröffentlichen Ihre Hausarbeit,
  Bachelor- und Masterarbeit

- Ihr eigenes eBook und Buch -
  weltweit in allen wichtigen Shops

- Verdienen Sie an jedem Verkauf

Jetzt bei www.GRIN.com hochladen und kostenlos publizieren

Pascal Stegemann

Der Intermedialitätsdiskurs im Film Memento: Wirklichkeitskonstruktion und Fotografie

GRIN Verlag

Bibliografische Information der Deutschen Nationalbibliothek:

Die Deutsche Bibliothek verzeichnet diese Publikation in der Deutschen National-
bibliografie; detaillierte bibliografische Daten sind im Internet über http://dnb.d-
nb.de/ abrufbar.

Dieses Werk sowie alle darin enthaltenen einzelnen Beiträge und Abbildungen
sind urheberrechtlich geschützt. Jede Verwertung, die nicht ausdrücklich vom
Urheberrechtsschutz zugelassen ist, bedarf der vorherigen Zustimmung des Verla-
ges. Das gilt insbesondere für Vervielfältigungen, Bearbeitungen, Übersetzungen,
Mikroverfilmungen, Auswertungen durch Datenbanken und für die Einspeicherung
und Verarbeitung in elektronische Systeme. Alle Rechte, auch die des auszugsweisen
Nachdrucks, der fotomechanischen Wiedergabe (einschließlich Mikrokopie) sowie
der Auswertung durch Datenbanken oder ähnliche Einrichtungen, vorbehalten.

Impressum:

Copyright © 2010 GRIN Verlag GmbH
Druck und Bindung: Books on Demand GmbH, Norderstedt Germany
ISBN: 978-3-640-95482-7

GRIN - Your knowledge has value

Der GRIN Verlag publiziert seit 1998 wissenschaftliche Arbeiten von Studenten, Hochschullehrern und anderen Akademikern als eBook und gedrucktes Buch. Die Verlagswebsite www.grin.com ist die ideale Plattform zur Veröffentlichung von Hausarbeiten, Abschlussarbeiten, wissenschaftlichen Aufsätzen, Dissertationen und Fachbüchern.

Besuchen Sie uns im Internet:

http://www.grin.com/

http://www.facebook.com/grincom

http://www.twitter.com/grin_com

Universität Passau
Lehrstuhl für Neuere Deutsche Literaturwissenschaften

Proseminar *(Inter-)Mediale Selbstreflexion: 'Bild'*
und Wertung von Medien im Film

Sommersemester 2010

Der Intermedialitätsdiskurs im Film
Memento: Wirklichkeitskonstruktion und
Fotografie

Verfasser: Pascal Stegemann

Fachsemester: 05

Studiengang: B.A. MuK (neue Prüfungsordnung)
Modulgruppe: Schwerpunktmodul

Modul: PS Medienwirklichkeiten/Medienkulturen III

Inhaltsverzeichnis

I.   Einführung

1.   Theoretischer Hintergrund: Allgemeiner Intermedialitätsbegriff

I.1.   Der Intermedialitätsbegriff in der Entwicklung

I.2.   Intermedialität und Postmodernismus

I.2.1.   Der postmodernistische Text nach Jacques Derrida

I.2.2.   Der postmodernistische Film und seine Merkmale

II.   Der Intermedialitätsdiskurs im Film Memento: Wirklichkeitskonstruktion und Fotografie

II.1.   Inhaltsangabe von *Memento*

II.2.   Fotografie als Medium zwischen Subjektivität und Objektivität

II.3.   Die Rolle des Mediums Fotografie in *Memento*

II.3.1.   Fotografie als mediale Konservierung von Fakten und Wirklichkeit

II.3.2.   Mediale Rekonstruktion der Wirklichkeit als bewusster Selbstbetrug

II.4.   Mehrere Wirklichkeitswahrnehmungen als Ausdruck einer   komplexen Welt

II.5.   Auflösung von Zeit, Raum und Wahrnehmung durch die mediale Repräsentation

II.6.   Der Aufbau des Mediums Fotografie als Äquivalent zum strukturellen Prinzip des Films

III.   Fazit: Fotografie als identitätsstiftendes Medium

IV.   Literaturverzeichnis

I.   Einführung

1.   Theoretischer Hintergrund: Allgemeiner Intermedialitätsbegriff

Der Begriff der Intermedialität ist in den letzten Jahren zunehmend gebräuchlicher und alltagstauglich geworden. Er soll der immer offenkundigeren Tatsache, dass Medien nicht für sich alleine bestehen, sondern in komplexen, medialen Konfigurationen stets auf andere Medien bezogen sind, Rechnung tragen. Ein überstrapazierter Begriff für ein Phänomen also, das sich kaum mehr eingrenzen lässt. Das dürfte zwei Gründe haben: Erstens den Boom der *Neuen Medien[1]* und zweitens die daraus entstehende Notwendigkeit, alles miteinander vernetzen zu wollen.

„Intermedialität ist dabei, zu einem Marktplatz für Anschluss suchende geisteswissenschaftliche Disziplinen zu werden, die in die Jahre gekommen sind und beginnen, sich in ihrer selbstgewählten und eifersüchtig verteidigten „splendid isolation" unbehaglich zu fühlen."[2]

1.1.   Der Intermedialitätsbegriff in der Entwicklung

Der Intermedialitätsbegriff wurde im deutschen Sprachraum 1983 das erste Mal von Hansen-Löve verwendet und machte seitdem parallel zum Wandel des Medienbegriffs eine begriffliche und theoretische Entwicklung durch. Während Hansen-Löve seinen Intermedialitätsbegriff lediglich auf die Korrelation von Wort- und Bildkunst beschränkt, wählt Irina Rajewsky bei ihrer Definition einen anderen Weg und beschreibt Intermedialität als *„Mediengrenzen überschreitende*

---

[1] Medien, die Daten in digitaler Form übermitteln: Email, WWW, DVD, Blue-Ray, CD-ROM
[2] Vgl. Joachim Paech: Intermedialität... S.14

3

Phänomene, die mindestens zwei konventionell als distinkt wahrgenommene Medien involvieren."[3]

Dabei grenzt sie drei verschiedene Phänomenbereiche gegeneinander ab: Die *Medienkombination*, d.h. ein Medienprodukt konstituiert sich aus mindestens zwei neuen Einzelmedien.[4]

An zweiter Stelle wird der *Medienwechsel* genannt, d.h. Medientransformationen in weitestem Sinne wie beispielsweise Literaturverfilmungen oder Adaptionen.

Den dritten Bereich bilden laut Rajewsky die *intermedialen Bezüge*, die beschreiben, dass sich innerhalb eines Textes eines Mediums Bezüge auf mindestens ein weiteres Medium befinden. Es geht also darum, dass ein Medium ein anderes repräsentiert und nicht etwa ein anderes enthält.

Bestimmte Aspekte eines Mediums können in einem anderen Medium mit dessen spezifischen Mitteln hervorgerufen oder simuliert werden. [5]

Julia Kristeva beschreibt Intertextualität als eine „*Transposition von Zeichensystemen*"[6] und bezeichnet Intermedialität davon ausgehend als einen Kontakt zwischen verschiedenen Medien, als ein Zusammenspiel verschiedener Medien oder als Wechselwirkung zwischen Medien.

1.2. Intermedialität und Postmodernismus

Intermediale bzw. intertextuelle Bezüge können besonders gut bei postmodernistischen Medienprodukten beobachtet werden. Der postmodernistische Film sowie andere Texte zeichnen sich durch textuelle Offenheit, einen hohen Grad an Selbstreflexivität sowie insbesondere intertextuelle Merkmalen aus.

Letzterer Aspekt soll anhand des Filmbeispiels *Memento* den Kern dieser Arbeit bilden.

---

[3] Vgl. Irina O. Rajewsky: *Intermedialität – eine Begriffsbestimmung,* S. 19
[4] Das, was wir gemeinhin mulitmedial nennen, z.B. Film, Oper, Comic
[5] z.B. Anwendung bestimmter filmischer Techniken auf andere Medien
[6] Vgl Julia Kristeva: *Die Revolution der politischen Sprache.* S.69

I.2.1 Der postmodernistische Text nach Jacques Derrida

Der postmodernistische Text wird nach Jacques Derrida als ein mediales
Erzeugnis aufgefasst, das *Dekonstruktion* als Strukturprinzip aufweist, d.h.
postmodernistische Filme versuchen eine eindeutige Zuordnung der Bedeutung
eines bestimmten Zeichens zu einem bestimmten Zeichenträger zu vermeiden.
Laut Derrida verweisen Zeichen deshalb lediglich auf andere Zeichen.[7] Der
Postmodernismus als Kunstrichtung stellt eine Gegenbewegung zum
Modernismus dar, ideologische Brüche und eine Abkehr von Genrekonventionen
zählen zu den prägenden Merkmalen.

1.2.2. Der postmodernistische Film und seine Merkmale

Übertragen wir diese allgemeinen Merkmale der postmodernistischen Ära auf
den postmodernistischen Film im Speziellen, so bleibt festzuhalten, dass
postmoderne Filme Sinnkonstrukte lediglich aufbauen, um sie anschließend
wieder zu verwerfen. Der eigene Konstruktcharakter wird dabei in den
Vordergrund gerückt.

Zeichen bedeuten oftmals etwas anderes, als sie vorgeben und das Spiel mit
Zeichen und der eigenen Medialität schafft für den Zuschauer eine verrätselte
Welt. Die Postmoderne verändert die Bedingungen im Hinblick auf
Wirklichkeitskonstrukte und Identitätsstiftung maßgeblich. Sie akzeptiert das
Vorhandensein verschiedener Wirklichkeitskonstruktionen und -ebenen und geht
davon aus, dass niemand zu entscheiden vermag, welche die intersubjektiv
richtige ist.

---

[7] Vgl. Jacques Derrida: *Die différance*. S.82

II. Der Intermedialitätsdiskurs im Film Memento: Wirklichkeitskonstruktion und Fotografie

Dieser recht theoretische Zugang zum intermedialen Diskurs in postmodernistischen Filmen soll in der Folge anhand des Beispiels *Memento* näher beleuchtet werden. Bei der Analyse des Films selbst soll anhand des inhaltlichen Aufbaus und speziell anhand der Fotografien die Problematik des Identitätsverlustes und der Beziehung zwischen Wirklichkeitskonstruktion und Medien als Erinnerungsspeicher erörtert werden. Die wesentlichste Frage der Analyse ist hierbei: Wie behandelt Memento das Foto in Bezug auf das Thema Realität und Identität bzw. Realitätsverlust und künstliche Identität?

2.1. Inhaltsangabe von *Memento*

Memento ist ein Spielfilm von Christopher Nolan aus dem Jahre 2000, basierend auf der Kurzgeschichte *Memento mori* seines Bruders Jonathan Nolan.

Christopher Nolan erzählt die Geschichte des Versicherungsermittlers Leonard Shelby (Guy Pearce), der nach dem vermeintlichen Überfall zweier Täter auf seine Frau sein Kurzzeitgedächtnis verliert und damit die Fähigkeit, neue Erinnerungen abzuspeichern. Was er sieht und erlebt, deutet er mit Hilfe von Polaroids, Notizen und Tätowierungen. Die Vergewaltigung und Ermordung seiner Frau Catherine (Jorja Fox) ist seine letzte Erinnerung und im Verlauf der Handlung ist es Leonards einziges Ziel, den zweiten Täter zu finden und ihn zu töten. Das vermeintlich gut organisierte System von Notizen, Tätowierungen und Fotos dient der Konservierung von Fakten, mit deren Hilfe er sein Ziel erreichen will.

Augenscheinliche Unterstützung erhält er auf seiner Suche vom Polizisten Teddy (Joe Pantoliano) und der Barkeeperin Natalie (Carrie-Ann Moss).

2.2. Fotografie als Medium zwischen Subjektivität und Objektivität

Das Medium Fotografie wird gemeinhin und auf den ersten Blick als *objektives Zeitzeugnis* angesehen. Mit einem Foto können Ereignisse festgehalten werden und Erinnerungen objektiv wiedergegeben werden. Allerdings sind Fotografien auch immer mit subjektiven Eindrücken verbunden, d.h. je nach Betrachter kann ein Foto unterschiedlich bewertet werden.

Bereits die bewusste Auswahl von bestimmten Bildern stellt eine Manipulation und Interpretation dar und schon bei der Entstehung eines subjektiv ausgewählten Ausschnitts eines Ganzen, handelt es sich im Endeffekt um eine zielorientierte Darstellung eines Sachverhaltes, die mit Objektivität nicht viel zu tun hat.

Genau die daraus resultierende Diskrepanz zwischen Subjektivität und Objektivität, zwischen festgesetzten Fakten und subjektiven Gefühlen und Erinnerungen thematisiert *Memento* in seinem intermedialen Diskurs.

2.3. Die Rolle des Mediums Fotografie in *Memento*

In Memento übernimmt das Medium Fotografie unterschiedliche Funktionen: Die vordergründigste Funktion ist die Wiedergabe und das Konservieren von Fakten und somit die Repräsentation von Leonards Wirklichkeit. Dabei gilt noch zu klären, ob dies die objektive Wirklichkeit oder eine im konstruktivistischen Sinne ‚subjektiv entworfene' Wirklichkeit Leonards ist.

2.3.1. Fotografie als mediale Konservierung von Fakten und Wirklichkeit

Da Leonard kein Kurzzeitgedächtnis besitzt und keine neuen Sachen als Erinnerungen abspeichern kann, übernehmen neben den Tätowierungen und den Notizen vor allem die Polaroids diesen Zweck der medialen Erinnerungsspeicherung.

Leonard fotografiert die Menschen, denen er über den Weg läuft – wie Teddy und Natalie[8] – er fotografiert das Hotel, in dem er wohnt[9] und er fotografiert jeden Toten, den er im Zuge seiner Suche nach John G., dem Mörder seiner Frau, umbringt. [10]

Neben dieser objektiven Komponente, nämlich der visuellen Darstellung der Fotografie, gesellen sich die subjektiven ‚Fakten' zum jeweils Dargestellten: Leonard versieht schriftlich jedes Bild mit Informationen über das Objekt, denn *„in der Erinnerung kann sich die Farbe eines Zimmers verändern, die Farbe eines Autos – die Wahrnehmung ist möglicherweise verzerrt. Sie ist nur eine Interpretation, keine Aufzeichnung. Sie ist irrelevant, wenn man Fakten hat.“*[11]

2.3.2. Mediale Rekonstruktion der Wirklichkeit als bewusster Selbstbetrug

Leonard hat jedoch eine verzerrte Wahrnehmung der Welt, da für ihn der einzige Sinn des Lebens darin besteht, den Mörder seiner Frau zu finden und sich an ihm zu rächen. So versieht er Teddys Foto erst dann mit der Information *„Glaub seinen Lügen nicht“*, nachdem ihm Teddy offenbart, dass Leonard die Wahrheit selbst erfindet und den echten John G. bereits vor einem Jahr gefunden und ermordet hat und seither einen John G. nach dem anderen sucht, nur um seine Rachegelüste zu befriedigen.[12]

Schlagartig wird sich Leonard bewusst, dass Teddy wohl die Wahrheit sagt, doch die Suche nach dem Mörder ist für Leonard sinnstiftend. Er begeht bewussten Selbstbetrug, indem er Erinnerungen konstruiert, die nie dagewesen sind und leugnet Teddys Worte *(„Darf ich zulassen, was du zu mir gesagt hast?“*[13]*)*, der für Leonard nur zu einem weiteren John G. auf der Liste wird und am Ende der

---

[8] Vgl. *Memento* 01:17:38-01:17:53 bzw. 01:31:35-01:31:58
[9] Vgl. *Memento* 01:06:29-01:06:32
[10] Vgl. *Memento* 01:35:18-01:35:30
[11] Vgl. *Memento* 00:23:09 – 00:23:19
[12] Vgl *Memento* 01:37:20-01:42:38
[13] Vgl. *Memento* 01:43:00

Handlung (und somit vice versa am Anfang des Films) mit seinem Leben bezahlen muss. Leonards Realität stimmt also nicht mit der Wirklichkeit überein. Es ist ihm wohl bewusst, dass er auf der ständigen Suche nach dem ‚Sinn' sein muss, um überleben zu können. Sein ursprüngliches Ziel Rache hat er bereits lange hinter sich gelassen. Die Suche nach dem erneuten Sinn wird seine neue Lebensaufgabe und damit auch zu seiner neuen Identität. Visuell in Szene gesetzt wird diese neue Identität, als Leonard nach der Ermordung Jimmy Grants dessen Anzug überzieht und mit seinem Auto wegfährt.[14]

Die Fakten, die sich Leonard tätowieren lässt, sind seine Art der Erinnerung an die Vergangenheit, der Suche nach dem Sinn. Sie bilden den Ausgangspunkt für eine erneute Identitätssuche.

Weitere Belege für die Nichtvereinbarkeit von ‚objektiver Wirklichkeitskonstruktion' und bewusstem Selbstbetrug sind die Fotos von Leonards Hotel und die Beziehung zu Natalie. Obgleich für Leonard das Foto des Discount Inn für ihn einen eindeutigen Fakt für seine Obdach darstellt, wird er vom Hotelmanager übers Ohr gehauen, indem ihm zusätzlich zu seinem Zimmer ein weiteres vermietet wird.[15] Das Foto verweist also nicht auf die objektiven Wirklichkeitsstrukturen, sondern lediglich auf Leonards subjektive Konstruktion der Wirklichkeit.

2.4. Mehrere Wirklichkeitswahrnehmungen als Ausdruck einer komplexen Welt

Geht man noch einen abstrahierenden Schritt weiter, so postuliert *Memento* die Existenz *mehrerer* subjektiver Wirklichkeitswahrnehmungen und nivelliert die Möglichkeit *einer* objektiven Wirklichkeit, die durch das Medium Fotografie repräsentiert wird. Analysiert man die unterschiedlichen Beweggründe und Verhaltensweisen der einzelnen Charaktere, so wird ersichtlich, dass jede Figur ihre Ziele aus subjektiven Antrieben her zielgerichtet verfolgt, während hingegen

---

[14] Vgl. *Memento* 01:35:27-01:36:04
[15] Vgl. *Memento* 00:23:51-00:25:16

Leonard versucht sich an ‚objektive Fakten' zu halten, damit aber in jeglicher Art und Weise scheitert.

So wollen ihn Teddy und Natalie nur zu ihren eigenen Zwecken ausnutzen – beiden sind hinter dem Geld von Drogendealer Jimmy Grants, Natalies Freund, her – und letztere gibt diesen Umstand Leonard gegenüber sogar offen zu.[16]

Leonard ist Leidtragender dieses Umstands, weil er sich mit Tunnelblick an seine Fotografien und seine Tätowierungen hält, ohne subjektive und persönliche Gefühle zuzulassen. Im Gegenteil – Leonard tilgt alles, was etwaige subjektive Erinnerungen und Gefühle auslösen könnten: So verbrennt er beispielsweise die Sachen seiner toten Frau, Fotos von sich und einem John G., um Erinnerungen an die Tat auszublenden und die Suche nach dem Täter bewusst aufrechtzuerhalten.[17]

2.5. Auflösung von Zeit, Raum und Wahrnehmung durch die mediale Repräsentation

Innerhalb der dargestellten Welt gelten nicht die üblichen Gesetze. Zeit dient nicht mehr als messbarer Faktor für Abläufe, Raum dient nicht mehr zur Orientierung.

Leonards Sinne geraten immer wieder außer Kontrolle, da sich die Wahrnehmung nicht mit den aufgezeichneten Erinnerungen deckt. Der wohl markanteste Beleg hierfür ist wohl die Szene, als Natalie Leonard solange verbal demütigt und provoziert, bis dieser zuschlägt. Im Gespräch gibt sie offen zu, dass sie Leonard nur ausnutzen will und es ihm gegenüber genauso offen sagen kann, da er es ohnehin vergessen wird. Nachdem Natalie gegangen ist, will sich Leonard natürlich die neue Entwicklung notieren und sucht verzweifelt einen Stift. Da Natalie diese jedoch alle versteckt hat, vergisst Leonard schnell wieder was passiert ist.[18] Zurück bleibt nur das Foto von Natalie, das Leonard

[16] Vgl. *Memento* 01:10:25-01:13:50
[17] Vgl. *Memento* 01:43:18-01:43:32
[18] Vgl. *Memento* 01:10:25-01:13:50

geschossen hat, seine einzige gespeicherte Erinnerung an sie mit den Informationen: *„Sie wird dir helfen. Aus Mitleid. Sie hat auch jemanden verloren.*"

Leonards Wahrnehmung der Person Natalie deckt sich natürlich in keiner Weise mit der Realität, Natalies ‚wahres Gesicht' ist das einer skrupellosen Persönlichkeit, die Leonards Zustand für ihre Zwecke ausnutzen will.

Die Fotos sollen Leonard eigentlich dabei helfen, sich immer wieder schnell erinnern zu können, dabei führen sie ihm aber stets das Gegenteil vor Augen, indem sie ihn erinnern, dass er sich nicht erinnern kann. Für Leonard wirkt also jedes Foto schockierend, auf dem er selbst abgebildet ist. Denn dies bedeutet zwangsläufig, dass es noch eine andere Person gibt[19], die sich an eine gemeinsame Vergangenheit erinnern kann. So formuliert Leonard an einer Stelle des Films die Frage: *„Wie soll ich meine Wunden jemals heilen, wenn ich die Zeit nicht empfinde?"*

Hier wird der Zusammenhang zwischen Zeit und Erinnerung besonders deutlich. Leonards Fotografien sind nur in der Lage momentane Einzelzustände festzuhalten. Da Leonard jedoch Vergleichsmöglichkeiten eines *Vorhers* bzw. *Nachhers* fehlen, bleibt die Fotografie eine einzelne Fotografie, Bezüge und Prozesse lassen sich nicht ohne weiteres feststellen, Leonard muss selbst das Dargestellte interpretieren.

Und so landet Leonard in dem Dilemma, sich durch scheinbar verlässliche Medien in eine Situation zu bringen, in der er ohne diese Medien nicht wäre, sich ohne sie aber auch nicht daran erinnern könnte, wonach er eigentlich sucht. Dieser ewige Kreislauf führt zu dem logischen Ergebnis, dass Leonard sämtliche Fotos, auf denen er selbst abgebildet ist, und Fotos, die nicht mit seiner Wahrnehmung und seinen selbst konstruierten ‚Fakten' übereinstimmen, zerstören muss. Er verbrennt das Foto des toten Jimmy Grants und das Foto von sich selbst nach der Ermordung eines John G.'s.[20]

---

[19] Im Fall des Fotos, das nach der Ermordung des echten John G.'s geschossen wurde, handelt es sich bei dieser Person um Teddy
[20] Vgl. *Memento* 01:43:18-01:43:32

2.6. Der Aufbau des Mediums Fotografie als Äquivalent zum strukturellen Prinzip des Films

Neben der elementaren Rolle, die das Medium Fotografie inhaltlich als medialer Erinnerungsspeicher und als Mittel zur Wirklichkeitskonstruktion in *Memento* spielt, so lassen sich auch auf rein technischer Ebene intermediale Bezüge erkennen. Betrachtet man die Funktionsweise und die Materialeigenschaften des Mediums Foto und parallel dazu den Aufbau der narrativen Strukturen in Memento, so lassen sich einige Bezüge feststellen.

Das markanteste Merkmal des Films sind die beiden Handlungsstränge, von denen jeweils einer in der korrekten (schwarz-weiß-Segemente) und einer in entgegengesetzter (farbige Segmente) chronologischer Reihenfolge abläuft.

Die Vermischung dieser beiden Stränge hat zur Folge, dass sich der Zuschauer permanent in einer Handlung befindet, deren Vorgeschichte er nicht kennt, er kann das Gesehene nicht ordnen und in Bezug zueinander setzen.

Diese spezielle Erzählweise hat den Zweck, dem Zuschauer das fragmentarische Erinnerungsvermögen, die subjektive Wahrnehmung Leonards und dessen Probleme bei der Zusammenführung von Fakten und Ereignissen vorzuführen.

Jede einzelne Sequenz (egal ob schwarz-weiß oder farbig) ist in sich geschlossen und bearbeitet einen bestimmten Zeitabschnitt der Erzählung. Die Sequenz läuft in sich chronologisch und logisch ab, erst in der Kombination mit den anderen Sequenzen entsteht eine zeitliche und örtliche Unordnung und somit eine Aufhebung von zeitlicher und örtlicher Eindeutigkeit.

Jeder dieser kurzen Ausschnitte ist vergleichbar mit einem Foto, das seine Umwelt vielleicht nicht vollständig, aber so zumindest doch abgeschlossen auf einen begrenzten Informationsträger projiziert. Ein Foto ist in sich auch geschlossen und logisch, bei einer einzelnen Fotografie besteht nicht die Notwendigkeit bzw. Möglichkeit es in irgendeinen weiteren Zusammenhang zu anderen Fotografien zu setzen, um so weitergreifende Bedeutung zu etablieren. Das, was auf dem Foto zu sehen ist, bedeutet in erster Linie erst einmal das, was es in der Realität darstellt, ohne einen Bezug zu anderen Fotografien herzustellen: Das Foto also als *objektives Zeitzeugnis*.

Erst in der Kombination mit anderen Fotos und somit der Entstehung von Bilderfolgen lassen sich auf bestimmte Entwicklungen, Prozesse und subjektive Geschichten Schlüsse ziehen. Zeit- und Raumkomponente werden erst durch die Zusammenführung von Einzelbildern konstituiert. Dieser Umstand, das Zeit und Raum erst durch Folgen von Einzelbildern etabliert werden – übrigens ganz allgemein das technische Prinzip des Medium Films – wird in seiner Funktionalität in *Memento* unterlaufen.

Zwar weist *Memento* – wie oben erwähnt – eine fragmentarische, narrative Struktur auf, doch führt diese zum genauen Gegenteil: Anstelle Raum und Zeit zu ordnen und eine chronologische Struktur zu entwickeln, werden diese Komponente aufgelöst und somit wiederum die Glaubhaftigkeit von Medien allgemein und insbesondere der Fotografie als zeitstrukturierendes Medium in Frage gestellt.

III. Fazit: Fotografie als identitätsstiftendes Medium

Memento kann also als ein Film über Zeit und Erinnerung, Illusion und Identität betrachtet werden. Vordergründig behandelt der Film die Subjektivität von Wahrnehmung und die Manipulation von Erinnerung. Geht man einen abstrahierenden Schritt weiter, so geht es um die Stellung des Menschen zwischen angeborenen Instinkten und Technik: Angeborene Erinnerungsfunktion und Gedächtnis versus medial repräsentiertes, perfektioniertes Gedächtnis mittels Fotografie.

Die besondere Form der Darstellung von *Memento*, die lediglich die unvermittelte Realität des Leonard Shelby abbildet, zeigt auf, dass Zeit relativ ist, Erinnerungen durch Medien immer subjektiv sind und dass die daraus gebildeten Identitäten manipulativ konsturierbar sind.

Speichermedien wie die Fotografie mögen Erinnerungsspeicher sein, doch konkrete Wirklichkeitskonstruktionen sind nur durch subjektive Interpretation und kognitive Kombinationsleistungen möglich. Ein Foto kann einfach nur das Abbild eines Objekts der Realität sein, ein Foto kann aber sehr viel mehr erzählen und aussagen, als es auf den ersten Blick erscheint. Die Geschichte von Leonard Shelby zeigt, dass der Mensch ohne Erinnerung und Gedächtnis nicht in der Lage ist, sich selbst zu positionieren. Technisch repräsentierte Wirklichkeit kann in unserer ausdifferenzierten Gesellschaft helfen, Erinnerungen zu konservieren, doch obliegt die damit verbundene Bewertung und Verknüpfung immer noch dem angeborenen Geist.

IV.   Literaturverzeichnis

- Dietrich Ratzke: *Handbuch der Neuen Medien*, Deutsche Verlagsanstalt, Stuttgart 1982

- Joachim Paech: *Intermedialität. Mediales Differenzial und transformative Figurationen.* In: Helbig (Hg.), Intermedialität: Theorie und Praxis eines interdisziplinären Forschungsgebiets. Berlin (1998)

- Irina O. Rajewsky: *Intermedialität – eine Begriffsbestimmung*, in: *Intermedialität im Deutschunterricht*, hrsg. v. Marion Bönnighausen, Heidi Rösch, Hohengehren 2004.

- Julia Kristeva: *Die Revolution der politischen Sprache.* Frankfurt a. Main. 1978

- Jacques Derrida: *Die différance.* In: Peter Engelmann (Hrsg.): *Postmoderne und Dekonstruktion. Texte französischer Philosophen der Gegenwart.* Reclam, Ditzingen 2004

- http://www.susimueller.de/download/s.mueller.intermedialitaet.pdf

- http://www.stefandrees.de/lehre/material-biblio1.pdf

- http://fss.plone.uni-giessen.de/fss/fbz/fb05/germanistik/abliteratur/ndlk/Projekte/Philologie/intermedialitat/file/Intermedialit%C3%A4t.pdf

- http://www.geisteswissenschaften.fu-berlin.de/v/littheo/methoden/narratologie/anwendungen/schwadten_memento.pdf

- http://www.schmidt-salomon.de/erk6.htm

- *Memento* (2000), Regie: Christopher Nolan, Darsteller: Guy Pearce, Joe Pantoliano, Carrie-Ann Moss